Weiter geht's ...

LÜK® DAS SPIEL

westermann®

Liebe Spielgemeinschaft,

willkommen zum neuen Spielheft für LÜK – DAS SPIEL. Die „Raffinierte Rätselrallye" führt unter anderem auf den Bauernhof, in eine schaurig-düstere Monstervilla, zurück in die Schule und einmal quer durch Deutschland.

Insgesamt sind 12 Spielfelder detailreich, farbenfroh und fantasievoll gestaltet. Sie laden zum Staunen und auch wieder zum gemeinsamen Rätseln und Diskutieren ein.

Schnappt euch den Kontrollkasten und lasst die Köpfe rauchen! Am Ende könnt ihr euch – hoffentlich – wieder über das passende Muster freuen.

Viel Vergnügen beim Knobeln und Rätseln
wünscht das LÜK-Team

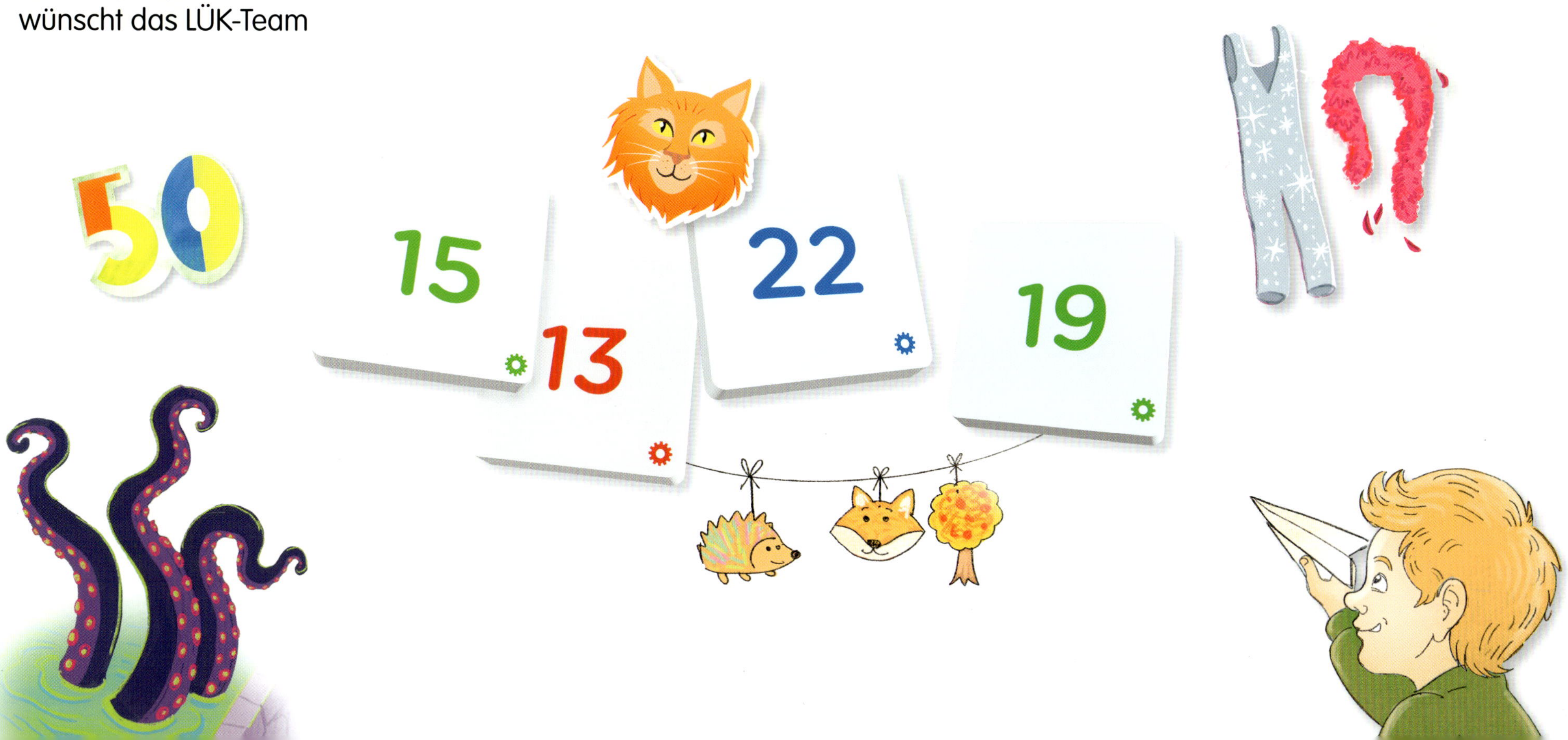

Spielfelder

Seite 6/7 Zu Besuch auf dem Bauernhof

Hier muht und grunzt es an jeder Ecke. Bei diesem Spielfeld ist tierisches Wissen gefragt. Welches Tier verrät durch seine Flughöhe das Wetter? Und wessen Schnauze erinnert an eine Steckdose? Hier gilt es, 25 Tiere zu finden, deren Hinweise mal eindeutiger und mal verzwickter formuliert sind.

Seite 8/9 Reise durch Deutschland

In weniger als einer Stunde quer durch Deutschland! Das ist bei diesem Spielfeld möglich. Was diente Disney als Vorlage? Wo wohnt das Sandmännchen? Und wer ist die lange Anna? Das kann hier herausgefunden werden. Sammelt Stempel für euer Reisealbum und findet heraus, was Deutschland alles zu bieten hat!

Seite 10/11 Zahlen, bitte!

Zahlen über Zahlen. Manche kann man wissen, vielleicht direkt nachmessen oder wiegen, andere sind kniffliger und müssen gemeinsam diskutiert und am Ende auch mal erraten werden. Ob die Anzahl der Sekunden eines Tages, das Gewicht eines Legosteines, der tiefste Ort der Welt oder Schulnoten – hier sind Zahlenprofis gefragt!

Seite 12/13 Was möchtest du mal werden?

Egal ob auf dem Bau, in der Werkstatt, über den Wolken oder auf den großen Bühnen, deinen Berufswünschen sind keine Grenzen gesetzt. Errate mithilfe von jeweils zwei Hinweisen den passenden Beruf. Manchmal ist das Ausschlussprinzip gefragt, weil ein Hinweis auf mehrere Berufe passen könnte!

Seite 14/15 Ein Begriff – zwei Bedeutungen

Tauche ein in die faszinierende Welt der Teekesselchen! Hier verbergen sich Wörter mit doppelten Bedeutungen. Errate geschickt, welches Teekesselchen sich hinter jedem Hinweis oder Bild verbirgt und finde die zwei zueinander gehörenden Felder.

Seite 16/17 Monster, Schurken und Bösewichte

Willkommen in der schaurigen Villa der bekannten Bösewichte aus Filmen, Serien und Literatur. Sie spielen wichtige Rollen und haben meistens finstere Absichten. Hinter ihrer dunklen Fassade verbirgt sich jedoch oft mehr! Lerne die Bösewichte in diesem Spielfeld besser kennen.

Seite 18/19 Wünsch dir was!

Geschenke in Hülle und Fülle! Hier braucht es Adleraugen und Konzentration, um jeweils die zwei zueinander gehörenden Geschenke zu finden. Beide Geschenke müssen den exakt gleichen Inhalt darstellen. Aber aufgepasst! Manchmal ist es knifflig und nur eine Klitzekleinigkeit ist verändert oder fehlt. Wer entdeckt das Feld, bei dem sogar die Murmeln eine andere Farbe haben?

Seite 20/21 Back to school!

Im Laufe der Jahre mag sich vieles verändert haben, aber manches bleibt zeitlos: die Papierflieger, welche im Klassenzimmer immer besonders geschickt durch die Lüfte fliegen, heimliche Liebesbotschaften, die sich irgendwo verbergen, oder das gemeinsame Rechnen an der Tafel. Wer genau schaut, entdeckt auch LÜK in diesem Klassenzimmer!

Seite 22/23 Emoji-Kino: Kinderfilme und -serien

Bei welchem Film spielen eine Bratpfanne und eine Hexe eine Rolle? Wofür stehen Drachen und ein Zahn? Wo sind Maus und Katze zu sehen? Und was haben Blumen damit zu tun? Die bunten Emoji-Rätsel in diesem Spielfeld präsentieren die Titel von 25 berühmten Kinderfilmen und -serien mit Kultstatus.

Seite 24/25 Namenszwillinge – gleich und doch so verschieden

Dieses Spielfeld ist der ultimative Schauplatz für ein unterhaltsames Duell der prominenten Namensvetter. Hier treffen bekannte Persönlichkeiten aus verschiedenen Bereichen aufeinander, die denselben Vor- oder Nachnamen teilen, aber in völlig verschiedenen Welten zu Hause sind. Es gehört immer ein Texthinweis mit einem Bild zusammen.

Seite 26/27 Willkommen im Kostümverleih!

Es ist Zeit, sich zu verkleiden! In diesem Kostümverleih stehen 25 bekannte Frisuren zur Auswahl, die darauf warten getragen zu werden. Egal ob Sängerin, Wissenschaftler oder Comic-Figur, der Kreativität sind hier keine Grenzen gesetzt! Welche Perücke möchtest du dir aufsetzen?

Seite 28/29 Bunt ist die Welt

Hier ist wohl jemand in den Farbtopf gefallen! Wer kann die Farben wieder entwirren? Findet heraus, welche Farben das Tier hat, das im TV hörbar mit den Augen klappert, welche Farben ein einfacher Farbkreis umfasst oder oder welche Farben Schlotterbeck, Hummels und Reus miteinander verbinden! Kleiner Tipp: Schwarz und Weiß werden hier als Farben gezählt.

einfach · knifflig · schwierig

Zu Besuch auf dem Bauernhof

1 Diese Tiere sind so intelligent, dass sie sich die Gesichter von Menschen merken können.	**2** Eine Sendung mit diesem Tier ist im Kinderfernsehen sehr beliebt.	**3** Die Beleidigung „Dumme …" wurde mit 300 Euro Strafe geahndet.	**4** Spielt mit ihren sieben Jungen in einem Märchen die Hauptrolle.	**5** Frisur.
6 Nagetiere.	**7** Iltschi, Artax, Rosinante, Kleiner Donner, Ostwind und Sabrina sind …	**8** Ihr Erkennungszeichen ist das herzförmige Gesicht.	**9** Spielt eine Rolle in „Alice im Wunderland".	**10** Crookshanks, oder auch Krummbein genannt, ist eine …
11 Mireille Mathieu war in Deutschland auch bekannt als „… von Avignon".	**12** Verrät durch ihre Flughöhe das bevorstehende Wetter.	**13** Eine bekannte Comic-Stadt trägt diese Tierart im Namen.	**14** Sternzeichen.	**15** Sie halfen einer bekannten Märchengestalt, rechtzeitig zu einem Ball zu kommen.
16 Mit dieser Tierart erlangte Iwan Pawlow im Rahmen eines empirischen Experimentes Berühmtheit.	**17** Sein Geklapper gab ihm seinen Spitznamen.	**18** „In einem unbekannten Land, vor gar nicht allzu langer Zeit."	**19** Was war zuerst da?	**20** Diese Tiere besitzen Facettenaugen.
21 Teil der Bremer Stadtmusikanten.	**22** Diese Tiere verrieten das Versteck des geflohenen Sankt Martin.	**23** Trägt tagtäglich einen Kamm mit sich.	**24** Seit 2007 begeistert dieses Herdentier die Zuschauerinnen und Zuschauer des deutschen Fernsehens.	**25** Die Schnauze dieses Tieres ähnelt einer Steckdose und dient neben dem Geruchssinn auch dem Tastsinn.

Reise durch Deutschland

1
Wird auch im Volksmund „Autoreifen" und „Luftkissen" genannt.

2
Heia Walpurgisnacht!

3
Trägt ein Nachbarland im Namen.

4
Wer hier wandert, sollte auf die Zeiten achten.

5
Die A7 ist die längste Strecke mit fast 1000 km.

6
Während seiner Bauzeit errichtete China ein Dutzend davon.

7
11.11.

8
Meistbesuchter Freizeitpark im deutschsprachigen Raum.

9
„Die Tribute von Panem", „Der Pianist" und „Die Fälscher".

10
Glück auf!

11
Große und kleine Eisenbahnfans kommen hier auf ihre Kosten.

12
Herbstliche weltbekannte Festivität.

13
Hier wird DAS SPIEL produziert.

14
Ein traditionelles Holzprodukt wird hier hergestellt.

15
Sansibar.

16
Diente Disney als Vorlage.

17
Das kleinste Bundesland.

18
Bernd das Brot, Sandmännchen, Maus und Elefant wohnen hier.

19
Steinreich.

20
In Bochum läuft das Musical mit der längsten Spielzeit an einem Ort.

21
Eines der Wahrzeichen wird heute in kleinen Stückchen verkauft.

22
Freitag vor dem 1. Advent schaut hier alles auf die Empore an der Frauenkirche.

23
Lange Anna.

24
Baubeginn 1248, vollendet 1880!

25
Hafencity.

LÜK
MOIN-MOIN
TARANTINO

Zahlen, bitte!

1 Rotes Bull's Eye auf einer Dartscheibe.

2 1 Hektar sind wie viel Quadratmeter?

3 Rund wie viel Gramm wiegt ein Standardlegostein mit 8 Noppen?

4 James, der Butler bei „Dinner for One", stolpert so oft über das Tigerfell.

5 So viele Tage hat ein Schaltjahr.

6 Der Heimatplanet des kleinen Prinzen ist der B …

7 Anzahl der Sekunden an einem Tag.

8 So viel Miete kassiert man bei Monopoly für die unbebaute Schlossallee.

9 Zusammen haben die sieben Bände von „Harry Potter" so viele Seiten.

10 1 inch = … cm

11 So alt muss man mindestens sein, um Bundespräsident/-in werden zu können.

12 Wie hoch muss der Fettgehalt bei Vollmilch mindestens sein?

13 So viele Strophen hat die griechische Nationalhymne.

14 Aus so vielen Teilen besteht ein typischer 2-Meter-Zollstock.

15 Anzahl der Bundesländer in Deutschland.

16 So viele Figuren sind auf dem Schachbrett zu finden.

17 Nach so vielen Nächten hat es bei Klaus Lage Zoom gemacht.

18 Anzahl der Kammern in einem Roulettekessel.

19 Bei miniLÜK spielt man mit so vielen Plättchen.

20 Tippen Sie ILY (I love you) als SMS.

21 So tief liegt der tiefste Punkt der Erde in Metern.

22 Während sich Schulkinder in der Schweiz darüber freuen, sind andere in Deutschland enttäuscht.

23 So viele starke Männer sind mit Wicky an Bord.

24 Höchste Gradzahl einer haushaltstypischen Waschmaschine.

25 Zwei gegenüberliegende Würfelseiten ergeben immer …

2,54
3,5
37
10000
8
10
612
6

Was möchtest du mal werden?

1
- Arbeitet mit einem Mikrofon
- Hat oft mit Nachrichten und Musik zu tun

2
- Bei „1, 2 oder 3" übernahm oft ein Kind diese Arbeit
- Hat den Durchblick

3
- Macht er etwas falsch, bekommt er einen Schlag
- Kennt sich mit Volt und Ampere aus

4
- Arbeitet meistens hoch oben
- Ist viel unterwegs

5
- Trägt meist weiße Arbeitskleidung
- Arbeitet mit Pinsel und Farbrolle

6
- Ist viel unterwegs
- Schläft zum Teil am Arbeitsplatz

7
- Hat mit Harry Potter und der kleinen Hexe zu tun
- Hier gibt es eine Preisbindung

8
- Hat mit Fahrzeugen zu tun
- Hat nach der Arbeit oft ölverschmierte Hände

9
- Hilft Menschen, die Probleme mit einem Organ haben
- Sorgt für den richtigen Durchblick

10
- Arbeitet manchmal an der Wurzel
- Nemo landet unfreiwillig in solch einer Praxis

11
- Unterstützt Menschen bei der Körper- und Schönheitspflege
- Arbeitet mit Pinsel und Pinzette

12
- Karla Kolumna hat diesen Beruf
- Arbeitet für das Fernsehen und Zeitungen

13
- Hilft Menschen, die gebrechlich sind
- Übt auch medizinische Aufgaben aus

14
- Arbeitet meistens im Sitzen
- „Zahlen Sie bar oder mit Karte?"

15
- Hat mit Naturprodukten zu tun
- Hat ein Gespür für Ästhetik

16
- Arbeitet oft recht weit oben
- Ohne diesen Beruf würde es reinregnen

17
- Hat mit Geld zu tun
- Berät Menschen manchmal beim Hauskauf

18
- Arbeitet mit anderen im Team zusammen
- Trägt besondere Schuhe

19
- Kann kreativ sein
- Nutzt Maschinen und Geräte für Essbares

20
- Ist für Reisende da
- Sorgt dafür, dass Menschen übernachten können

21
- Trifft man häufig nach einem Arztbesuch
- Oft muss ein Papier vorgelegt werden

22
- Arbeitet kreativ am Schreibtisch
- Hat oft mit Geschichten zu tun

23
- Steht oft hinter der Kamera
- Wird für besondere Anlässe gebucht

24
- Muss gut Texte auswendig lernen können
- Steht oft vor der Kamera

25
- Braucht man manchmal, wenn man ein Haus bauen will
- Ist wissenschaftlich genau und künstlerisch kreativ

LIVE
REZEPTION

Ein Begriff – zwei Bedeutungen

1
Aschenbrödel tanzt hier mit dem Prinzen.

2

3
Gibt man sprichwörtlich ab, wenn man stirbt.

4

5
Daran turnt man.

6
Sehr gut bis ungenügend.

7

8

9
Mehrere davon ergeben eine Melodie.

10

11
Hütte oder Lagerraum für Gerätschaften oder Vorräte.

12

13
Bodenbelag für Straßen.

14
Sticht nicht nur Pferde, sondern auch Menschen.

15
Ikarus hat sich welche gebaut.

16

17
Klebt!

18

19

20

21
„Macht hoch die Tür, die … macht weit."

22

23
Trägt eine Braut oft bei sich.

24

25
Oft nach den Sommerferien in der Brotdose zu finden.

Blaues Auge.

Max, Henry, Mike, George und Regina.

In den meisten Klassenräumen hat sie eine grüne Farbe.

Feuchtigkeit, die sich oft morgens an Pflanzen bildet.

Gerät zur Spionage.

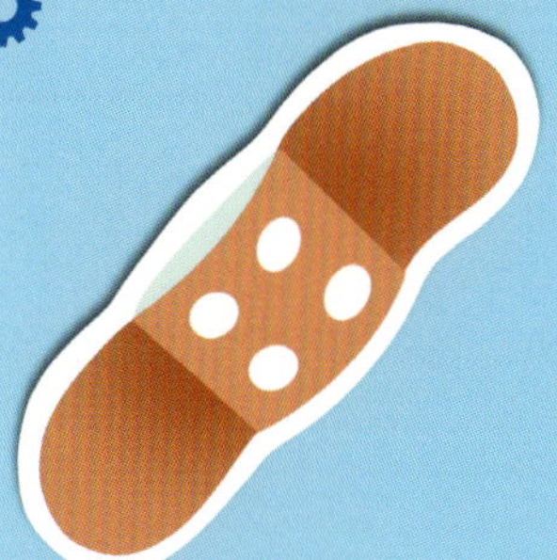

Lehrlinge oder Auszubildende werden altmodisch so genannt.

Findet man unter bestimmten Sportschuhen.

Wen hat das rote Pferd mit dem Schwanz abgewehrt?

Elsa wohnt in einem …

Liefert Pflanzen Nährstoffe.

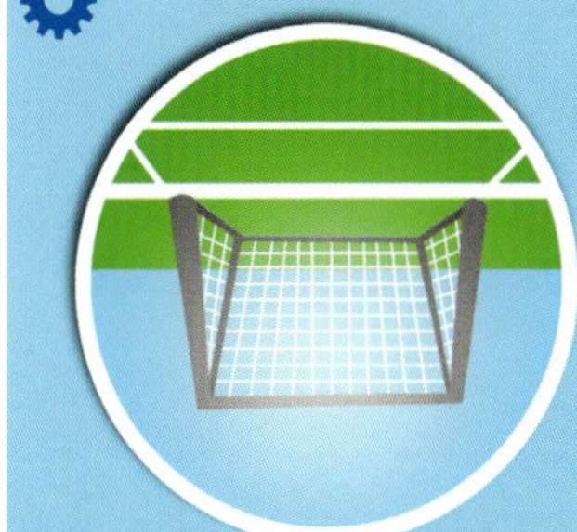

Hier wird Recht gesprochen.

Reflektiert das Licht im Straßenverkehr.

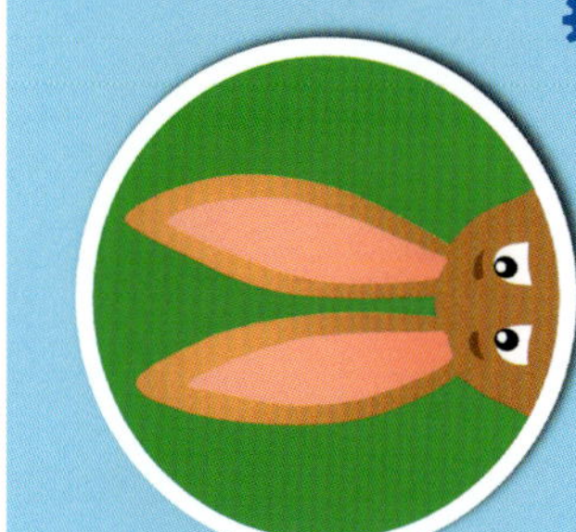

Monster, Schurken und Bösewichte

1. Ein Jäger soll sie unterstützen.
2. Frau mit Schlangenhaaren, die jeden in Stein verwandelt, der sie anblickt.
3. Narbe.
4. Sie trägt ein Muschelamulett, mit einer Stimme darin, um den Hals.
5. Im Dialog mit Agent Starling.
6. Diese Gestalt stammt aus Japan.
7. Modedesignerin mit verrücktem Fahrstil.
8. Den Schlüssel zu seinem Herzen trägt er selbst.
9. „Wieso zum Teufel ziehst du deine Schuhe aus?" – „Wieso zum Teufel siehst du wie ein Huhn aus?"
10. Ein Wecker rettet ihm regelmäßig das Leben.
11. Seine Katze heißt Azrael.
12. Der, dessen Namen nicht genannt werden darf.
13. 176-671, 176-716, 176-617.
14. „Ab mit dem Kopf!"
15. Baut in Rumänien ein Schlosshotel, in das Monster einchecken, die Ruhe vor den Menschen wollen.
16. „Ich bin dein Vater!"
17. Kann sich unsichtbar machen.
18. Er ist Besitzer und Eigentümer eines Kernkraftwerkes.
19. Im Labor erzeugtes Wesen.
20. Nur die wahre Liebe kann ihn retten.
21. Krimineller kluger Gegenspieler des Bewohners der Baker Street No 221B.
22. In der Disney-Verfilmung will er Gorillas jagen und illegal verkaufen.
23. Heath Ledger in seiner bekanntesten Rolle.
24. Aus Mordor.
25. Verkleidet sich gerne als Großmutter oder frisst auch mal Kreide.

FÜR PAPA

Wünsch dir was!

Back to school!

1 Geheimbotschaft auf den Kopf gestellt: 38317	**2** Hält man normalerweise gut versteckt.	**3** Das nochmals zu benutzen, wäre ziemlich eklig.	**4** Bloß nicht quietschen!	**5** Ersetzt in modernen Klassenzimmern Overheadprojektor und Polylux.
6 Wenn er neu verteilt wird, ist Aufregung angesagt.	**7** Mit einem Wisch ist alles weg!	**8** Wird auch „Faulenzer" oder „Schlamper" genannt.	**9** Hilfsmittel für die Lehrkraft zur Unterrichts-organisation.	**10** Manche starren die ganze Stunde lang darauf.
11 „Wollen wir tauschen?"	**12** „Wenn alles schläft und einer spricht, …"	**13** Daraus kann man tolle Figuren basteln, zählen und rechnen.	**14** Früher musste man zum Filmeschauen den Fernsehwagen holen.	**15** Spielend lernen.
16 „… die Katze lief im Schnee."	**17** Radius, Winkel, Länge.	**18** Wehe, wenn die Lehrerin das bemerkt!	**19** Willst du mit mir gehen? Ja ☒ ❤ Nein ☐ Vielleicht ☐	**20** Wird sehr gerne vergessen.
21 Welche Konstruktion ist wohl die beste dafür?	**22** Damit kann man rechnen.	**23** Länder, Ozeane, Meere, Flüsse, Grenzen …	**24** Hierin steckt viel gesammeltes Wissen.	**25** Sie sind immer zum falschen Zeitpunkt leer.

5·4 = 20
6·6 = 36
8·3 =
4·4 =
10·6 =
3·2 =
5·2 =
7·4 =
A B C D E F
G H I J K L M N O P
Q R S T U V W X Y Z
1 2 3 4
5 6 7 8
9 10 11
LEXIKON
L+E=♡
4·2=8
4·4=16
7·4=28
2·9=18

Emoji-Kino: Kinderfilme und -serien

1

2

3

4

5

6

7

8

9

10

11

12

13

14

15

16

17

18

19

20

21

22

23

24

25

Karate Kid	Die Chroniken von Narnia	Mia and me	Ice Age	Kung Fu Panda
Lauras Stern	Die Schatzinsel	Bob der Baumeister	Charlie und die Schokoladenfabrik	Drachenzähmen leicht gemacht
Der kleine Eisbär	Flintstones – Die Familie Feuerstein	Paddington	Rapunzel – Neu verföhnt	Pettersson und Findus
Schloss Einstein	Die Pfefferkörner	Drei Haselnüsse für Aschenbrödel	Madagascar	Disneys Gummibärenbande
Unser Sandmännchen	Tom und Jerry	SpongeBob Schwammkopf	Zoomania	PAW Patrol

Namenszwillinge – gleich und doch so verschieden

1

2

3

Teil eines deutschen Popduos aus den 80ern.

4

5

Leadsänger von Tokio Hotel.

6

7

Sie und ihre Zwillingsschwester sind bekannte Influencerinnen.

8

9

„Alles Atze!“

10

Singt auf das, was da noch kommt.

11

Sylvester Stallone wurde mit diesem Film über Nacht zur Ikone.

12

13

„Holladahiti!“

14

15

16

War der vierte Bundeskanzler in Deutschland.

17

Teil des Duos Joko und Klaas.

18

19

20

Deutschland : Argentinien 1:0!

21

Liefert sich verrückte Verfolgungsjagden mit Jerry.

22

23

24

Sie dachte sich das stärkste Mädchen der Welt aus.

25

Heiratete 2018 Hailey Baldwin.

Ihr Leben wird seit 2018 in einem Musical dargestellt.

Ehemaliger britischer Premierminister.

Der neunte Bundeskanzler in Deutschland.

Sang 1984 „All night long" vor ca. 2,3 Mrd. Menschen.

The „King of Rock'n'Roll".

„No woman, no cry."

Wurde bekannt als Showpraktikant von Stefan Raab.

Fuhr für Jordan, Benetton, Ferrari und Mercedes.

Er wird nie erwachsen.

„Ihre Welt sind die Berge."

„Aber bitte mit Sahne."

Fliegt auf dem Nimbus 2000.

Willkommen im Kostümverleih!

1 Eine Frisur, in der man sich spiegeln kann.

2 Der schnellste Igel aller Zeiten.

3 So nennt man auch „Nervensägen" im Internet.

4 Sieht aus, als wäre ein Dragonball auf ihm gelandet.

5 Ida wird auch „Tante Elfriede" genannt.

6 Bienenstock-haarschnitt.

7 Die tollste Tolle aller Zeiten.

8 Machte im Film Zeitreisen möglich.

9 Früher hellblond und wortgewandt, heute dunkelbraun und wortgewandt.

10 Ihr Name ist ein Mix aus Blau und Rot.

11 Der Pop-Titan.

12 Ist Schülerin an einem Internat für Ausgestoßene.

13 Zu dieser Frisur kann man nur sagen: „Simply the Best!"

14 Hat mit nur 19 Jahren den Song zum 25. „James Bond"-Film gesungen.

15 Sie gilt als Inbegriff der Schönheit und Verführungskunst.

16 Er hat eine Abneigung gegen Katzen, Heinzelmännchen, Gartenzwerge und Käse.

17 Neu verföhnt ein Riesenerfolg.

18 Ein Bob und sein Pony.

19 Die Frisur dieses Masters of Universe erinnert fast ein wenig an Angela Merkel.

20 Die bekanntesten Zöpfe aus Schweden.

21 Wenn er diese Frisur heute sieht, denkt er nur „Sorry".

22 Ein kanadischer Insektenforscher hat eine neu entdeckte Mottenart in Anlehnung an diese Frisur benannt.

23 Die einzige Blondine in ihrem Dorf.

24 Muss definitiv durch den Monsun.

25 „Ziggy Stardust".

Bunt ist die Welt

1 Früher konnte man Filme nur in diesen Farben sehen.	**2** Wolfgang Petry benannte einen Song nach diesen 3 Farben.	**3** Richtig angeschlossen wird es hell!	**4** Mischmasch aus Blau und Rot.	**5** Die Farben symbolisieren Justus, Peter und Bob aus Rocky Beach.
6 „Nächster Halt …"	**7** Man hört, wenn diese TV-Figur mit ihren Augenlidern klappert!	**8** Hier kommst du sicher über die Straße.	**9** „Wer? Wie? Was?"	**10** Farbe des kleinen Gespenstes nach Berührung mit dem Sonnenlicht.
11 Das sind die Farben des einfachen Farbkreises nach Goethe.	**12** Gesperrt!	**13** „Pommes Schranke".	**14** Steht auf einem Bein.	**15** Hier siehst du Bibi, Julian, Dagi Bee und Julien.
16 Detektivgeschichten für clevere Mädchen.	**17** Gryffindor, Hufflepuff, Ravenclaw, Slytherin.	**18** Dieses soziale Netzwerk wurde 2004 unter anderem von Mark Zuckerberg ins Leben gerufen.	**19** Auf diesen Farbfeldern sollen sich 6 Spieler/-innen nicht ärgern.	**20** Schlotterbeck, Hummels, Süle, Reus, und Füllkrug.
21 Helden im Pyjama.	**22** Hier findest du „Billy".	**23** Die Farben der Straßenampel.	**24** Sitzt auf Kartoffelbrei mit einem Kleid in dieser Farbe.	**25** Soziales Medium für kurze Videoclips und Lippen-synchronisationen.

Lösungsmuster

Ihr habt einen Knoten im Kopf und kommt einfach nicht weiter? Dann helfen euch hier die Lösungsmuster zu den 12 Spielfeldern.

Jedes Plättchen ist auf seiner Rückseite einzigartig. Wenn ihr also nicht weiterkommt, baut das Muster in der linken Hälfte des Kastens nach. Schließt dann den Deckel und dreht den Kontrollkasten um.

Jetzt könnt ihr unter jedem einzelnen Zahlenplättchen die Antworten sehen. Und für alle, die doch die ein oder andere kleine Hilfestellung benötigen, findet ihr unter **www.lernando.de/luekdasspiel** die Lösungen zu allen Spielfeldern.

Seite 6/7, Zu Besuch auf dem Bauernhof

Seite 8/9, Reise durch Deutschland

Seite 10/11, Zahlen, bitte!